Yoko Heiligers

Mama, wat zit er op mijn kop?

Mama!

Kijk!

Mama, kijk eens!

Wat zit daar?

Mama, wat zit er
op mijn kop?

Boomtakken?

Voelsprieten?

Vogelnestjes?

Mama, wat zit er op mijn kop?

Dromenvangers?

Vishengels?

Boomwortels?

Vraag maar aan je vader

Papa!

Kijk, wij hebben
een gewei

Gewei?

Mama, papa, kijk!

Ik heb een gewei

Yoko Heiligers (1983) is beeldend kunstenaar. Ze volgde haar opleiding op de Artez Hogeschool in Zwolle. Ze illustreerde al diverse boeken. Voor Marmer illustreerde ze de verhalenbundel *De liefste moeder die ik ooit ken* van Rita Spijker. Samen met Rita Spijker maakte ze in 2010 *Draaf met mij*, een voorlees-/prentenboek.

Colofon

© 2012 Yoko Heiligers en Uitgeverij Marmer
© 2012 Illustraties Yoko Heiligers

Typografie: Riesenkind
Druk: Drukkerij Wilco

Eerste druk september 2012

ISBN 978 94 6068 098 4
NUR 273

Niets uit deze uitgave mag verveelvoudigd en/of openbaar gemaakt worden door middel van druk, fotokopie, microfilm, of op welke wijze dan ook, zonder voorafgaande schriftelijke toestemming van Uitgeverij Marmer.

Uitgeverij Marmer
De Botter 1
3742 GA Baarn
T +31 6 498 814 29
I www.uitgeverijmarmer.nl
E info@uitgeverijmarmer.nl

www.yokoheiligers.nl